AF366551

66235

CHEZ

VICTOR HUGO

TABLE.

PARIS. — IMPRIMERIE DE J. CLAYE, RUE SAINT-BENOIT, 7

CHEZ

VICTOR HUGO

PAR UN PASSANT

AVEC 12 EAUX-FORTES

PAR

M. MAXIME LALANNE

PARIS

CADART ET LUQUET, ÉDITEURS

GÉRANTS DE LA SOCIÉTÉ DES AQUA-FORTISTES

79, RUE RICHELIEU, 79

1864

F 81 2153

HAUTEVILLE-HOUSE.

Un de mes amis, parti aujourd'hui pour un long voyage, a passé huit jours à Guernesey, en 1861. — Il a laissé entre mes mains les notes qu'il en avait rapportées, et ce sont ces notes que je publie.

Épris des choses de l'art et connaisseur en même temps, il a fait de la maison de Victor Hugo une description exacte et pleine d'intérêt. — Par là il nous fait connaître la signification de ces deux mots : *Hauteville-House,* qui servent de date maintenant aux œuvres du poëte, les seuls mots peut-être qui subsistent comme une énigme dans la pensée du lecteur, alors qu'on a parcouru ces belles pages.

On verra quelques considérations toutes personnelles à l'auteur qui précèdent la description même ; nous avons cru devoir les respecter, ne fût-ce qu'à titre d'hommage rendu à notre ami absent.

A. LECANU,

Avocat à la Cour d'appel de Paris.

ST PETER PORT

Guernsey

CHEZ

VICTOR HUGO

I.

LES ILES.

Il y a au nord-ouest de la France, à l'extrémité de cette pointe de Cherbourg qui est comme un autre Finistère, un archipel fortuné. L'Océan le cache dans ses brumes mystérieuses et l'enveloppe d'une chaude haleine (le gulf-stream) qui fait éclore sur des rochers, au milieu de la mer, une flore que pourraient envier les plus belles îles de l'Adriatique et de la Méditerranée. Les aloès et les camellias y poussent en pleine terre, et les passiflores, enlaçant les grands chênes et les hêtres séculaires, y suspendent leurs bouquets d'un jour.

Les géologues vous diront quelle révolution a détaché de la côte normande ce sol normand, et comment la mer, envahissant l'immense baie qui sépare Cherbourg de Brest, n'y a laissé subsister, comme au mont Saint-Michel, que des rochers assez élevés et assez robustes pour se défendre contre ses colères. Mais, sans qu'il soit besoin de science, le voyageur retrouve facilement la trace et la loi de ces bouleversements. — On n'arrive à Jersey et à Guernesey qu'en suivant une ligne d'îlots et d'écueils presque à fleur d'eau, qui apparaissent de distance en distance, quelquefois serrés près l'un de l'autre, véritables anneaux épars d'une chaîne brisée. Déjà l'on entrevoit les îles comme de formidables récifs, déjà l'on pressent les déchirements de la falaise et les tempêtes qui se ruent et s'enroulent autour de ces obstacles ; cepen-

dant, à mesure que l'on approche, on distingue
au delà des côtes de vertes et onduleuses collines, de profondes vallées béantes sur la mer,
des cottages, des prairies, des fleurs... On est
à Jersey.

Jersey, Guernesey! (les marins prononcent
ces deux noms avec une douceur infinie) : pour
le curieux, deux jardins que le roc tient suspen-
dus au-dessus des mers ; — pour le rêveur,
deux mondes, deux microcosmes. Chacune
d'elles n'a-t-elle pas, aussi bien que le continent
le plus orgueilleux, ses rivages qui regardent
tout le cercle de l'horizon? — n'a-t-elle pas
ses côtes et ses ports, ses plaines et ses mon-
tagnes, ses vallons où descendent le torrent et
le fleuve? — n'a-t-elle pas ses villes et ses
villages, et le château et la ferme? Là tout est
rassemblé dans un espace que l'homme peut
parcourir en un seul jour de l'une à l'autre
extrémité.

Ainsi la rêverie commencée au milieu de la
crique profonde où la tempête du nord fait re-

tentir les voix des génies d'Ossian aura traversé les douces campagnes, se sera enfouie sous le ˙clos de pommiers, au fond de la prairie, dans un horizon de collines normandes, — et ne s'achèvera peut-être que sur la riante plage du midi, à Catherine-bay, parmi les blés que le flot voudrait atteindre, et où l'on écoute en même temps les chants de l'alouette et le cri du goëland.

Mais, pour le penseur, Jersey et Guernesey sont, avant tout, deux refuges chers à la liberté.

Chose bien remarquable! il y a là deux petits coins de terre perdus dans les brumes de l'Océan, et la nature s'est plu à les entourer de toutes ses caresses. Un climat sans rigueurs, une température sans excès (on compte les années où il gèle), une fertilité propice aux plus beaux et aux meilleurs produits, une végétation vraiment féerique, un ciel enfin, ce ciel harmonieux que fait le mariage du jour avec la mer, et dont les tons nacrés semblent nous révéler le secret des perles, milieu charmant ouvert à toutes les richesses des autres climats, et protégé contre toutes leurs rigueurs. Or, c'est précisément dans ce milieu que se trouve implanté, robuste, intact et vivant dans sa pleine indépendance, le germe le plus puissant de la liberté des peuples : LA COMMUNE.

II.

LA LIBERTÉ.

Il n'est pas un Français qui, remarquant
leur proximité des côtes de France, n'ait regretté
que ces îles ne fussent pas françaises, et ne se
soit récrié de ce qu'elles appartiennent à l'Angleterre. Nous ne savons pas trop ce que les
îles gagneraient aux sollicitudes de la France;
mais quant à l'Angleterre, elle ne mérite en
rien le reproche qu'on lui fait. La condition
politique de Jersey et de Guernesey offre en effet
cela de curieux, qu'elle est toute particulière et
tout exceptionnelle, même au regard de la puis-

sance anglaise ; et nous ne pouvons faire mieux, pour bien la préciser, que d'ouvrir à la science et à l'histoire une parenthèse qui prend ici sa place naturelle.

Dans un chapitre intitulé : *Comment l'édifice social repose sur les municipalités*, M. Henrion de Pansey, un des grands magistrats du premier empire, signale ainsi l'origine de la commune :

« Il n'y a pas de bourgade qui à l'instant de « sa formation n'ait reconnu la nécessité d'une « administration intérieure et d'une police locale. « — Cette administration, cette police exigeaient « de l'action et de la surveillance, et les hommes « réputés les plus sages en furent chargés.

« Le régime municipal est sorti comme de « lui-même des mœurs, des habitudes et sur- « tout des besoins des habitants. »

Plus loin, voulant montrer l'incompatibilité de ce régime avec le despotisme, il ajoute :

« Rien de plus simple que l'organisation d'un « gouvernement despotique. — Un homme veut « et les autres obéissent... Il n'y a point de

« pouvoir municipal, parce qu'il n'y a dans
« l'État qu'un seul pouvoir. — Si dans les com-
« munes des hommes croient en être les officiers
« municipaux, ils se trompent; ils ne sont que
« les agents passifs de la volonté du maître.

« Si un gouvernement qui ne peut pas tout
« voir voulait tout faire, dit-il encore, s'il pro-
« fessait hautement que la chose publique ne
« peut être servie que par les hommes de son
« choix, les citoyens déshérités de sa confiance
« lui refuseraient la leur; les vanités s'irrite-
« raient, et personne ne s'attacherait à un ordre
« de choses auquel il serait complétement
« étranger.

« Dans un pareil état de choses, il n'y aurait
« jamais d'esprit public, parce qu'il n'y aurait
« jamais d'esprit de famille. Ce qui serait encore
« plus déplorable, il s'établirait une lutte conti-
« nuelle entre les libertés garanties par le pacte
« fondamental et le régime administratif. Quelle
« serait l'issue de cette lutte? — Le doute seul
« fait reculer d'effroi. »

Le docte Henrion de Pansey, dans un autre chapitre sur l'histoire du régime municipal, nous fait connaître comment cette institution, graduellement affaiblie en France pendant les troubles de la première race, s'évanouit dans la confusion des derniers règnes de la seconde, et ne reparut sous la troisième que vers la fin du XIIe siècle.

« Telle était la triste condition des habitants
« des campagnes, qu'ils avaient perdu jusqu'au
« sentiment de leur dégradation. Mais ceux des
« villes, plus éclairés, sentaient mieux le poids
« de la honte et du joug sous lequel ils gémis-
« saient.

« Enfin l'oppression exerça sur eux sa lente
« mais inévitable influence. Elle leur révéla le
« secret de leur force, et ils arrachèrent aux sei-
« gneurs ces concessions que nous appelons
« chartes de communes.

« On vit alors à quels dangers le pouvoir
« s'expose lorsqu'il prend ses usurpations pour
« des titres, la résignation de ceux qui souffrent

« pour une reconnaissance de ce qu'il appelle
« ses droits, et qu'il se persuade qu'appesantir
« le joug est le meilleur moyen d'étouffer les
« plaintes.

« Dans toutes les villes érigées en communes,
« il s'éleva un pouvoir qui, habilement secondé
« par les rois, rivalisa bientôt avec la puissance
« féodale, et dont les forces, combinées avec
« celles de la couronne, ne tardèrent pas à
« dépouiller les seigneurs de la plupart des
« prérogatives qu'ils avaient usurpées sur elle.
« A cet événement se rattache tout ce qui a été
« fait depuis dans l'intérêt de la liberté.

« Les chartes des communes différaient en
« quelques points ; mais, uniformes sur les plus
« importants, toutes abolissaient la servitude
« personnelle et les taxes arbitraires.

« Toutes renfermaient un certain nombre de
« dispositions législatives qui réglaient les prin-
« cipaux actes civils et déterminaient les peines
« des délits les plus communs, notamment des
« délits de police.

LE VESTIBULE

« Toutes consacraient le principe que le choix
« des officiers municipaux appartient aux habi-
« tants.

« Toutes attachaient au pouvoir municipal la
« manutention des affaires de la commune, le
« maintien de la police et l'administration de la
« justice dans les cas où il s'agissait de statuer
« sur des points réglés par la charte.

« Enfin, et ceci est fort remarquable, tous
« ces diplômes autorisaient les officiers munici-
« paux à faire prendre les armes aux habitants
« toutes les fois qu'ils le jugeaient nécessaire
« pour défendre les droits et la liberté de la
« commune, soit contre des voisins entrepre-
« nants, soit contre le seigneur lui-même. »

N'est-il pas merveilleux de voir, et ici nous
rentrons dans notre sujet, qu'alors que ces
vieilles franchises sont tombées de toutes parts,
les Iles normandes aient conservé presque dans
leur plénitude leurs anciennes chartes de communes, celles-là mêmes dont on vient de lire la
formule; qu'elles aient encore aujourd'hui un

régime municipal, qui n'est autre que celui des communes au moyen âge; qu'elles en jouissent en toute sécurité, et que ce régime subsiste sans trop de désaccord avec la marche des temps ?

Ainsi elles ont gardé leurs lois, qui ne sont pas celles de l'Angleterre, leur monnaie, qui n'est pas la monnaie anglaise, leur langue, qui est un idiome français-normand. C'est dans cette langue que l'on plaide et que se rend la justice. Les Iles votent et répartissent leurs impôts à leur guise; elles ont leurs États qui dictent la loi du pays.

Il est vrai qu'en revanche l'Angleterre leur envoie ses soldats, ses canons et ses pavillons, qu'elle leur construit des forts et des redoutes; mais jamais un soldat anglais n'oserait arrêter un citoyen jersiais, et le gouverneur lui-même ne se hasarderait pas à empiéter sur la police locale. — Les forts, les canons, les soldats ne sont là que pour la défense du territoire contre l'étranger : l'Angleterre ne possède pas les Iles, elle les protége.

Elle est l'armure, mais l'armure qui laisse vivre le corps de sa vie propre. — Et cette protection, rachetée encore aujourd'hui par des redevances féodales, coûte à l'Angleterre bien au delà de ce qu'elle lui rapporte.

Pourtant ces vieilles institutions, il faut le reconnaître, sont bien surannées en quelques points, et peu en harmonie avec le progrès général. Le parlement anglais voudrait amener les Iles à des réformes sans doute nécessaires, et peu à peu substituer aux coutumes normandes ses lois et son autorité ; cela n'a jamais été qu'un vœu de sa part. Que s'il tentait de l'obtenir d'une autre manière, les États, une douzaine de bourgeois, lui répondraient fièrement : « Ignorez-vous que vous n'êtes pas les maîtres ? « Nous avez-vous jamais conquis ou soumis ? « Rappelez-vous que nous sommes les descen- « dants des Normands de la conquête, et que « nos aïeux vous ont imposé leur domination. » — Raisons qui, à coup sûr, ne tiendraient pas devant une pièce de canon.

Mais il se trouve que ces raisons sont justes en fait, et que les Iles relèvent non pas du gouvernement anglais, mais du domaine de la reine, qui est leur suzeraine et qui garde encore les prérogatives des rois normands. Or le parlement, tenu en échec devant les priviléges de la couronne, se voit réduit à l'impuissance, si bien que la force reste aux communes. — Je ne sais ce qu'il faut admirer le plus dans ce conflit : ou bien qu'un petit peuple ait conservé le sentiment de son droit; ou bien qu'une grande nation ait su le respecter. Telle est cependant la cause de l'indépendance des Iles.

Il n'y a pas de liberté stérile; — Jersey et Guernesey en portent les fruits bien apparents. — Sous le rapport matériel, l'activité et le travail des habitants se reconnaissent tout d'abord. Ce ne sont pas seulement leurs belles routes anglaises, leurs maisons dont les plus pauvres sont parées comme nos villas, ce confortable et ce bien-être dans lequel vivent les plus humbles; on est encore frappé d'admiration à la vue des

gigantesques ouvrages de granit qu'ils ont exé-
cutés dans leurs ports : leurs prodigieuses entre-
prises sur la mer, et leurs puissantes jetées, qui
peuvent rivaliser avec celles de nos ports de
guerre, tout cela est dû à leur activité propre.
— Sous le rapport moral, on y surprend deux
fruits étranges, bien lents à mûrir partout ailleurs : la tolérance religieuse, et la liberté de la
presse.

Mais par-dessus tout il est un bienfait que
l'étranger lui-même recueille dès l'abord : c'est
la souveraineté d'allure laissée à quiconque descend sur ces rivages.

Quelle surprise de voir en débarquant que
personne ne vous arrête au passage ! Vous pouvez
aller où il vous plaît, dans un hôtel ou dans
une maison particulière; vous pouvez séjourner
un jour ou plusieurs jours, un an ou plusieurs
années; à la condition de respecter les mœurs
et la police du pays, on ne vous demandera
jamais de justifier même le nom que vous aurez
pris. — Là se pratique naturellement cette

maxime de charité : *qu'il ne faut pas demander
son nom à celui qui ne vous le donne pas , de peur
de l'obliger à rougir.*

Et si vous faites quelques pas dans la campagne de Guernesey, vous y verrez des manoirs
qui portent encore des noms de l'émigration
protestante, pieux souvenirs toujours vivants. —
En revenant vers la ville, on vous montrera une
magnifique promenade aux arbres maintenant
séculaires, legs fait à la ville de Saint-Pierre
par un Français en dix-sept cent quatre-vingt-
treize. — Enfin, si vous descendez vers la mer,
une grande maison attirera vos regards et vous y
lirez ce nom dès à présent fameux : *Hauteville-
House.*

Et alors, faisant retour sur vos propres
impressions, vous verrez se grouper dans une
même pensée, comme elles sont réunies dans un
même lieu, ces émouvantes grandeurs qui s'ap-
pellent la liberté, l'exil, le poëte.

CHEMINÉE DE LA SALLE À MANGER.

III.

L'EXIL.

Nos... dulcia linquimus arva. — L'exil, voyage sans but, jour sans heures, espace sans air. — Où ira-t-on? Et pourquoi marcher? — Où s'arrêtera-t-on? Et pourquoi s'arrêter? — Ce ciel n'est pas notre ciel; cette maison n'est pas notre maison. — Il y a des arbres, des fleurs... je ne veux pas les voir. — Il y a des cieux étoilés, des oiseaux, des moissons... je ne les verrai pas. — Que mes enfants se serrent près de moi, afin que je sente la vie. —

L'exil! l'exil! la seule douleur que le temps n'adoucira jamais. Si vous me demandez d'où vient qu'on le supporte, je répondrai d'un seul mot : le devoir.

IV.

LE POËTE.

Hauteville-House, la demeure de Victor Hugo, est située dans le plus riant tableau que jamais paysagiste ait rêvé. Placée au sommet de la falaise, elle domine la ville, le fort et cet immense horizon de la mer où rien ne semble devoir arrêter l'essor même du plus grand génie.

Cette maison est célèbre dans Guernesey, où elle excite une vive curiosité. On en raconte des merveilles, commentées par le mystère qui plane sur un seuil resté fermé jusqu'ici au monde guernesiais; elle passe pour cacher des richesses de mobilier dignes des contes des fées. — La vérité est que là me fut révélée une œuvre nouvelle : le logis du maître. Les appartements et les galeries n'ont été disposés que d'après les idées et sur les dessins de Victor Hugo; il y a employé trois ans. Pas une pièce, pas un groupe qui ne soit une création. Les curiosités les plus rares, les chênes sculptés du moyen âge et de la renaissance, les vieilles tapisseries, les émaux, des porcelaines recueillies par le goût le plus éclairé, s'y rencontrent avec les élégances vénitiennes et florentines. La maison à l'intérieur (car au dehors elle n'a d'autre apparence que cette apparence froide des maisons anglaises), la maison, dis-je, n'est qu'une œuvre d'art dont les matériaux eux-mêmes sont des chefs-d'œuvre.

Nous allons décrire cette maison. — Décrire la maison, c'est déjà faire connaître l'homme; mais si nous transcrivons çà et là les devises et les inscriptions que le poëte a tracées sur les meubles et sur les murs, et qui sont autant de

lignes inédites de Victor Hugo, si nous le sur-
prenons dans l'intimité de la vie intérieure, ne
semble-t-il pas qu'il se fasse connaître lui-même?

On avait autrefois le juste orgueil d'attacher
aux murs les trophées de ses victoires et les
armures de ses aïeux, de telle sorte que les
yeux ne pouvaient pas ne pas voir ces grands
exemples; on vivait au milieu d'eux. — Victor
Hugo a semé dans sa maison les maximes qui
résument l'expérience et les épreuves de sa vie.

*
* *

Il y a seulement trente ans, la science et
l'archéologie s'en tenaient, en fait de curiosités,
aux antiquités grecques et romaines. Il semblait
que la grande histoire de l'art se fût arrêtée là,
et l'on considérait comme vulgaire ou barbare
la période qui sépare la Rome païenne de la
Rome de Léon X. L'art du moyen âge, œuvre
du monde chrétien, laissait indifférent, ou pa-

raissait trop familier pour qu'on le crût digne des préoccupations de la science et qu'on lui prêtât l'attrait du merveilleux et de l'inconnu. — N'était-ce pas en effet notre œuvre, l'œuvre du monde moderne ? — Mais depuis, une puissante initiative donnée tout à la fois par les historiens, les poëtes et les artistes, a fait rechercher les trésors des siècles oubliés. On a fouillé les bibliothèques, on a consulté ces admirables manuscrits de pierre que les cathédrales montrent à qui sait les comprendre, on s'est épris, on s'est passionné ; et aujourd'hui nous appartenons à une génération pleine de respect pour ces reliques d'un temps si éloigné du nôtre, plus encore par la révolution des idées que par les années.

Si de nos jours on relève les ruines, si l'on s'efforce de recomposer les édifices suivant les véritables lois de leur architecture, si l'on encadre les inscriptions, les statues, les bas-reliefs retrouvés, si chacun de nous se sent plus éclairé sur ce point et quelque peu antiquaire, on

LE SALON ROUGE.

Cadart & Luquet, Éditeurs

aurait mauvaise grâce à ne pas faire à Victor Hugo la part qui lui revient dans ce progrès de l'archéologie. *Notre-Dame de Paris* et le *Voyage sur les bords du Rhin* ont été vraiment les rudiments de notre science; nous y avons appris à voir les ruines se ranimer au souffle de l'histoire et de la philosophie, et nous devons savoir gré à l'auteur qui nous a inspiré cette sereine passion de l'étude.

Victor Hugo ne pouvait pas ne pas être curieux et antiquaire pour son propre compte, et il l'est autant et plus qu'aucun autre. Il se complaît au milieu des meubles anciens, il les recherche, il en achète toujours; il veut vivre dans le passé, offrant ainsi ce singulier contraste que dans ses œuvres sa pensée le pousse en avant et l'emporte vers l'avenir, tandis que dans les choses de goût elle s'obstine à revenir en arrière. Est-ce la faute du temps? Du reste, on peut juger toute la vivacité de son ardeur à la façon dont il exprime les mécomptes que parfois il éprouve. Voici à ce sujet quelques lignes qu'il écrivait de Hollande, il y a un an, à un de ses amis :

« Eyndhaven, 15 août.

« Mon ami, je griffonne ceci sur une feuille
« arrachée à mon carnet, avec mon genou pour
« table, dans un coin d'auberge. — Je suis en
« pleine école buissonnière; je viens de voir la
« Hollande; voilà trois semaines que j'y fais des
« zigzags allant de Maëstricht à Utrecht, et de
« Schiedam à Amsterdam. J'ai tout vu. — Il y
« a des merveilles de tout genre, et comme
« nature et comme art, mais l'ensemble est une
« désillusion. Il faut toute ma bienveillance pour
« ne pas être furieux. — La vieille Hollande
« chinoise n'existe plus. Une curiosité, c'est
« qu'il n'y a pas de curiosités. Tout est gratté,
« refait, anglaisé, châtré, badigeonné en jaune;
« . . . .
« le style empire y fait loi; les rares caril-
« lons qui restent chantent : *Partant pour la*
« *Syrie.* La rue de Rivoli a succédé au quai

« d'Amsterdam ; en somme, pays blanchâtre.
« — La Hollande, à tous les points de vue, est
« immensément au-dessous de la Belgique. —
« Mais les Rembrandt qui sont à La Haye et à
« Amsterdam méritent à eux tout seuls qu'on
« fasse le voyage. . . . . »

Et maintenant que par cette boutade le lecteur peut apprécier une fois de plus les tendances du poëte et de l'antiquaire, nous allons pénétrer dans l'intérieur de cette maison dont on pressent déjà le style et le caractère.

§ 1er. — LE VESTIBULE.

On entre chez Victor Hugo par un vestibule dont la disposition arrête le regard. — On est devant une sorte d'édifice dont le linteau supérieur présente un haut bas-relief doré et peint figurant les principaux sujets de *Notre-Dame de Paris*. — Ce frontispice d'Hauteville-House est d'un effet profond et charmant ; il semble que la

famille romanesque créée par le poëte vous sou-
haite la bienvenue chez lui et qu'on ne puisse,
en effet, entrer chez Victor Hugo que par le portail de sa première œuvre.

Le bas-relief est accosté d'un vitrage à verres
bosselés comme ceux qu'on remarque dans les
chaumières de la Forêt-Noire. A droite et à
gauche s'encadrent dans le chêne sculpté les
deux médaillons de bronze, laissés par David,
d'après Victor Hugo et sa seconde fille. Une
colonne du style le plus pur de la Renaissance
supporte cet ensemble et ajoute encore à la
sévérité tranquille de l'entrée.

Le vestibule, éclairé par la lumière adoucie
que laissent passer les petits carreaux de verre
brut, se trouve perdu dans un clair-obscur que
Rembrandt eût aimé. Dans ce demi-jour, on
entrevoit une porte monumentale, celle de la
salle à manger, qui dessine vaguement sur la
muraille sa silhouette sévère.

Déjà on lit dans des cartouches ménagés au
milieu des sculptures les premières inscriptions;

c'est une brève sentence de foi religieuse et phi-
losophique :

Aime et crois ;

Un laconique précepte d'hygiène physique et
de morale, rien que trois mots qui paraissent
sortir de la bouche d'une pythonisse :

Mange, marche, prie ;

Enfin cette douce et bienveillante parole
gravée dans le chambranle d'une des portes
au-dessous d'une statuette de la Vierge, et qui
promet l'hospitalité aux visiteurs :   .

Ave.

§ 2. — LES DESSINS.

Puisque cette porte nous fait si bon accueil,
franchissons-la et entrons dans la salle de billard, qui n'est pas, on va le voir, une des moins

intéressantes pièces de la maison. — De grands tableaux de famille, quelques cartes de géographie, enfin des dessins du poëte, encadrés dans des bordures de sapin verni, font toute la décoration de cette salle. On est tout de suite attiré par la physionomie étrange de ces dessins à la plume.

Ce sont dix pages fantastiques, que relèvent des tons de sépia et quelques touches d'or scintillant doucement dans les teintes sombres de la composition. Il faut renoncer à décrire ces noirs éclairs, tous sortis des souvenirs et de l'imagination du poëte. — L'encrier de Victor Hugo fait tout ce qui concerne son état ; c'est ce que savent bien les amateurs de peinture qui, en 1852, à la vente de ses meubles, rue de La Tour-d'Auvergne, achetèrent quelques-unes de ses esquisses puissantes.

Les dix dessins pendus là sur la muraille sont des vues d'Espagne, de Bretagne, du Rhin, de Jersey et de Guernesey. On les aura entrevus, quand on saura qu'ils sont comme un reflet des

LA GALERIE DE CHÊNE.

Cadart & Luquet, Éditeurs

magiques tableaux que la prose et les vers du
poëte ont déjà mis dans nos mémoires. Sur l'un
d'eux on lit : *Burg de Hugo-tête-d'aigle,* — et
l'on se rappelle ces vers de la *Légende des
siècles :*

> Il mit en liberté les villes : il vint seul
> De Hugo-tête-d'aigle affronter la caverne.

Cependant, dans ces tableaux ce que je
préférerais peut-être encore, ce sont les cadres.
Ils sont de sapin, mais sur ce fond de bois
blanc les fleurettes s'enlacent et s'épanouissent
avec des papillons, les uns invraisemblables,
les autres d'une parfaite exactitude. Victor Hugo,
quand il fait un dessin, fait le cadre par la même
occasion, et, quelquefois, un morceau de chêne
sculpté par lui détache le cadre du mur. Il est
ouvrier comme les artistes du moyen àge.

*
* *

J'ai vu dessiner Victor Hugo. — Il envoie chercher dans la maison du papier, une plume, de l'encre ; on court partout, on monte dans les chambres, on furette, on fouille, et enfin au bout d'un quart d'heure on rapporte un encrier desséché, une plume qui ouvre le bec et un morceau de papier quelconque, déniché à grand'peine dans quelque coin. — Car il faut que l'on sache que la chose qui manque le plus à Hauteville-House, c'est ce qu'il faut pour écrire.

Une fois le papier, la plume et l'encrier apportés sur la table, Victor Hugo s'assied, et, sans esquisse préalable, sans parti pris apparent, le voilà qui dessine avec une sûreté de main extraordinaire non pas l'ensemble, mais un détail quelconque de son paysage. — Il commencera sa forêt par une branche d'arbre, sa ville par un pignon, son pignon par une girouette, et peu à peu la composition entière jaillira de la blancheur du papier avec la précision et la netteté d'un négatif photographique qu'on soumet à la préparation chimique destinée à faire apparaître l'image. Puis, cela fait, le dessinateur demandera une tasse, et il terminera son paysage avec une averse de café noir. Le résultat est un dessin inattendu, puissant, souvent étrange, toujours personnel, qui fait rêver aux eaux-fortes de Rembrandt et de Piranèse.

*
*   *

Les cartes de géographie sont deux cartes de France : la France en 1789 et la France en 1860. — Parmi les tableaux, une grande toile représente le couronnement d'Inès de Castro après sa mort. Sur le cadre on lit :

Le duc et la duchesse d'Orléans à Victor Hugo.

§ 3. — LE SALON.

De la salle de billard on entre dans le salon de tapisserie, comme on l'appelle à Hauteville-House. Ici, de même que dans les autres pièces d'ailleurs, la cheminée a été la composition principale (le foyer ne doit-il pas être le plus grand attrait de la famille?). — Que l'on se figure donc une cathédrale de bois sculpté qui, s'enracinant puissamment dans le plancher, s'élance d'un seul jet jusqu'au plafond dont elle écorche la tapisserie de ses dernières dentelures. Le portail serait ici figuré par le foyer; la rosace, par un miroir convexe posé au-dessus de la cheminée; le pignon central, par un robuste entablement fleuri de feuillages fantastiques et décoré d'arcades d'un goût délicieusement bâtard, où le byzantin se mêle au rococo; les deux tours, enfin, par deux contre-forts qui répètent heureusement tous les ornements de l'ensemble. Le couronnement, d'un effet tout imposant, rappelle les façades des maisons d'Anvers et de Bruges. Là aussi, comme dans les toitures de ces vieilles masures du temps de Philippe II, une figure s'engage dans la simplicité du bois et en fait vivre la ligne vigoureuse et écrasée.

Cette figure est celle d'un évêque dont la crosse seule est dorée ; elle porte, en deux écussons placés à sa droite et à sa gauche, cette devise empruntée à un de nos plus spirituels proverbes :

Crosse de bois, évêque d'or.
Crosse d'or, évêque de bois.

*   *
*

Ici encore il ne faut pas seulement regarder, il faut lire. Sur deux volutes, figurant un parchemin roulé, sont gravés d'un côté les noms des hommes que Victor Hugo regarde comme les principaux poëtes de l'humanité :

Job, Isaïe, Homère, Eschyle, Lucrèce, Dante,
Shakespeare, Molière.

De l'autre côté, on lit les noms suivants :

Moïse, Socrate, Christ, Colomb, Luther,
Washington.

Sur le double entablement de la cheminée s'appuient deux statues de chêne : celle d'un saint Paul lisant, avec cette inscription au piédestal :

Le livre;

et celle d'un moine en extase, les yeux levés, et au piédestal ce mot :

Le ciel.

*
* *

En passant dans une pièce que l'on nomme l'atelier, nous avons remarqué un autre meuble

CHEMINÉE DE LA GALERIE DE CHÈNE.

Cadart & Luquet, Éditeurs.

vraiment monumental et qui, comme celui du salon de tapisserie, monte du plancher au plafond. — Pour qui aime à tout ramener à une idée générale, il est évident que Victor Hugo a le goût du démesuré.

Une légende :

Ad augusta per angusta,

empruntée au quatrième acte d'*Hernani*, donne raison à notre appréciation et commente clairement la pente du poëte à tout ce qui est colossal et malaisé.

§ 4. — LA SALLE A MANGER.

Le repas important par la conversation et par sa durée, c'est le déjeuner. — A onze heures tout le monde arrive à la fois ; rarement il se voit un retardataire. Victòr Hugo est des premiers, et rien n'est plus simple ni plus patriarcal que ses façons d'agir. A le voir arriver vêtu tout de drap gris, coiffé d'un feutre gris, les deux mains gantées de laine, on le prendrait pour un fermier venant siéger au repas de la ferme, n'étaient la grâce de son salut et les délicates attentions de sa parole.

Une fois à table, on ne saurait s'acquitter plus consciencieusement des devoirs du maître de maison. C'est lui qui fait les parts et les distribue à chaque convive, observant avec la dernière rigueur l'ordre de la plus stricte étiquette; l'étranger se trouve être le premier. A partir de ce moment, on ne s'appartient plus : l'hôte est là qui vous guette; il ne souffre pas qu'on attende ou qu'on ait à désirer, il va au-devant, il vous poursuit, il vous presse; il est vraiment chagrin si l'on s'arrête et si l'on refuse.

*
* *

La salle à manger d'ailleurs remplit aussi son rôle; elle suffirait à mettre en bonne humeur. — On ne déjeune pas chez Lucullus, mais chez Du Sommerard.

Les murs sont recouverts non plus de tapisseries ou de bois sculpté, mais de magnifiques
faïences de Hollande du xviie siècle. Que l'on
imagine une immense mosaïque représentant de
gros bouquets de fleurs peintes avec minutie et
jetées dans des vases capricieux, puis des ani-
maux bizarres où éclate l'esprit des imagina-
tions grotesques de la Hollande chinoise. —
Cette mosaïque à fond blanc et bleu s'appuie
sur un soubassement de chêne qui forme trois
stalles massives historiées de vénérables peintures sur panneaux; ce qui donne à la salle à
manger l'aspect d'un de ces anciens réfectoires
de couvent où les bons moines de Rabelais jeû-
naient avec force poulardes, et célébraient, en
riant, la divinité de la bouteille. Une glace à
biseaux, surmontée d'un petit enfant endormi
ciselé dans le cuivre, ravive encore cette cuirasse
d'émail que deux grandes fenêtres ouvertes sur
le jardin envahissent de leur lumière.

Et maintenant, ajoutez une cheminée con-
struite en carreaux violets et bleus, une de ces

cheminées comme en avaient nos aïeux, faites
pour donner confiance aux plus robustes appé-
tits, — au plafond une tapisserie des Gobe-
lins représentant, avec son écrin de couleurs, les
richesses de l'été, — et vous comprendrez que
l'on s'attarde volontiers à la table du poëte.

* *
*

Partout où ils ont pu prendre pied se dressent des vases et des statuettes de porcelaine et
de faïence. Le xvie et le xviie siècle n'ont rien de
plus curieux. Une statuette, notamment, qui
couronne l'ensemble de la cheminée, doit être
signalée. C'est une Notre-Dame-de-Bon-Secours,
portant l'enfant Jésus dont la petite main porte
elle-même le globe du monde. Au-dessous sont
gravés ces vers que vous lirez peut-être bientôt dans les *Chansons des rues et des bois :*

> Le peuple est petit, mais il sera grand.
> Dans tes bras sacrés, ô mère féconde !

Maxime Lalanne sc.
Imp. Delâtre, Paris.

O liberté sainte, au pas conquérant,
Tu portes l'enfant qui porte le monde.

Diverses légendes complètent la physionomie du lieu. Ici, le mot *Dieu* en regard du mot *l'Homme;* plus loin, ce cri : *Patrie.* Une mélancolique parole :

L'exil, c'est la vie.

Puis, un conseil tout religieux :

Habitant des demeures périssables,
Pense à la demeure éternelle.

Rien ne manque à cette éducation de l'esprit par la demeure, pas même ces deux proverbes devenus des préceptes d'hygiène :

Post prandium stabis,
Seu passus mille meabis.
— Vale.

Lever à six, coucher à dix,
Diner à six, souper à dix,
Font vivre l'homme dix fois dix.

Il ne nous appartient pas de décrire en entier un fauteuil de chêne, toujours vide, qui est adossé au mur et placé au haut bout de la table. Victor Hugo y voit la place des aïeux au repas de la famille. Une chaîne a fermé ce fauteuil qui porte, entre autres inscriptions, celle-ci :

Le absents sont là.

⁎
⁎ ⁎

Le poète, une fois les devoirs domestiques remplis, se mêle à la conversation qui, presque toujours, suit les mêmes phases ; tant il est vrai que l'habitude gouverne sans régner. On commence par les nouvelles du jour, on passe aux choses sérieuses, et l'on termine invariablement par des fantaisies de toutes sortes : telle est vraiment la marche de l'esprit français.

Les meilleures nouvelles sont, il va sans dire, les nouvelles de France. Le paquet est remis au chef de la famille. Chacun tend la main. — C'est un ami, c'est un parent, c'est un solliciteur; ce sont les journaux, ces nouvelles de tout le monde; chacun reçoit son lot. — Le silence est subit et profond; les cœurs battent. — Rien n'est insignifiant, rien n'est petit, rien n'est indifférent de ce qui vient du pays. Guernesey est oublié, il disparaît pour un instant : la maison tout entière est en France. — Doux et triste voyage, et toujours de trop peu de durée : les âmes vont vite! — Mais la vie réelle reprend ses droits.

Je me rappelle encore une lettre écrite de Granville, et qui contenait entre autres choses l'épisode que voici :

« Me trouvant à Granville, je suis allé revoir
« une brave femme que j'avais vue, il y a vingt
« ans, alerte et active; elle avait alors deux
« belles filles. Ses filles ont aujourd'hui près
« de quarante ans, elles ont des marmots grands
« et petits, et l'aïeule reste au foyer. Ce sont de
« braves gens qui vivent à leur aise en travaillant
« bien rudement; tous les jours hommes et
« femmes vont à la mer. J'arrivais au moment où

« tout le monde rentrait, les vêtements encore
« mouillés. Ma présence était un événement
« dans la maison, si bien que la famille vint se
« grouper autour de nous ; les enfants ouvraient
« de grands yeux.

« Vous venez de Paris? demanda la grand'-
« mère. — Non, Marie, je viens de Guernesey,
« où j'ai passé huit jours chez Victor Hugo. —
« *Ah! on dit que c'est des grands esprits que ce*
« *monsieur Victor Hugo.* — Oui, Marie. — *C'est*
« *malheureux, n'est-ce pas, monsieur, que des*
« *gens comme ça ne soient plus dans le pays ?* —
« Oui, Marie. »

* * *

Les conversations se prolongent d'ordinaire
assez longtemps, à table, une fois le déjeuner
fini. — Ici l'amphitryon n'est plus maître de faire
les parts ; chacun en prend ce qu'il veut ou ce
qu'il peut, et il n'est pas sans intérêt de voir
le poëte mêlé en simple soldat à cette bataille
générale.

Les démarches, les précautions, les efforts même de son intelligence dans ces libres débats se montrent en toute naïveté : on le voit forger son idée. Il n'est sorte de peine qu'il ne prenne pour justifier ses raisons ou pour convaincre, discutant, pesant chaque point et chaque raison contraire avec un scrupule tellement sincère, qu'un enfant le tiendrait en échec. C'est à vrai dire le régime constitutionnel. Du reste, dans cette intimité, il a à sa disposition une arme bien puissante, la séduction. Jamais il ne semble vouloir vous toucher que des caresses de sa pensée, bien loin d'en montrer la vivacité et la force. — Ainsi l'oiseau puissant qui du haut des nues va fondre sur la terre, au moment de l'atteindre, arrête l'élan dans une parabole gracieuse, et vient se poser de son vol le plus doux.

*
* *

Le respect de l'opinion d'autrui est chez lui poussé à ce point, qu'il ne juge aucun effort inutile dès qu'il s'agit de redresser une erreur ou une ignorance, sans souci de qui elles viennent. A ses yeux surtout, l'égalité importe devant la vérité, et il ne croit pas qu'il y ait d'intelligence, si grande qu'elle soit, qui puisse se mettre au-dessus des plus humbles, des moins éclairés, ou des plus endurcis : pour persuader, il faut être d'égal à égal.

Dans sa maison même, il a été surpris quelquefois à pratiquer ces principes d'une façon toute particulière; voici comment :

Il a une servante qui est devenue une autorité chez lui; on n'a jamais su pourquoi, à moins que ce ne soit à cause de la probité de cette fille. C'est une Bretonne sévère, impénétrable, inflexible. Tout en elle est négatif : son visage est sans couleur et sans animation; ses yeux ne sont pas bleus, mais pâles et ternes; ses cheveux ne sont pas blonds, mais ne sont pas blancs; sa physionomie n'a pas d'âge, et ses traits, pour n'être pas ceux d'un homme, n'ont pourtant rien de féminin; une coiffe bretonne, une jupe bretonne

LE LOOK OUT.

Cabinet de Victor Hugo.

incolore, à moins qu'elle n'ait **gardé** la poudre
du chemin, voilà son costume. Ajoutez qu'elle
est de taille moyenne, et que dans sa voix brève
on chercherait en vain une nuance quelconque :
telle est l'incorruptible.

Sa toute-puissance réside dans la confiance
de son maître; mais le maître lui-même est
subordonné à cette puissance. Il ne peut pas toujours donner ce qu'il voudrait, fût-ce un morceau
de sucre à son chien, si Marianne s'y oppose;
car il faudrait lutter, et Victor Hugo ne se sent
pas toujours de force. — Cependant lorsqu'on
le pousse à bout, il agit résolûment, comme on
va le voir.

Marianne est catholique (catholique et Bretonne, jusqu'où cela ne va-t-il pas?). — Or, la
pauvre Marianne, à Guernesey, se trouve en plein
pays protestant, et elle ne peut éviter de se com-
mettre, par les nécessités de son service, avec
des marchands quelconques, tous protestants.
N'est-ce pas un vrai supplice? Il faut voir comme
elle s'agite, quand un de ces impies entre chez

elle! Elle le renvoie bien vite, et balaye sur ses pas, comme pour enlever la poussière de l'hérésie. — En tout cela rien que de très-véniel; mais il y a une autre servante dans la maison, et cette compagne de ses travaux est encore une protestante. Marianne a ainsi une vengeance sous la main et dans la main, et quelquefois elle en use jusqu'à donner des bourrades à sa compagne.

Dans ces grandes circonstances Victor Hugo quitte ses études; il descend en souriant, va trouver Marianne dans sa cuisine, et, s'asseyant sur un escabeau, il fait le plus sérieusement du monde la leçon à sa servante.

On dit que jamais il n'a rencontré difficulté plus grande. Comment parler à cette fille? Comment l'amener, non pas encore à comprendre, mais à écouter seulement? L'embarras du poëte égale la situation; quant à sa parole, il faut regretter qu'elle n'ait pas été transcrite.

Il parlera de douceur et de pardon, de l'amour du prochain et de l'esprit de charité; il parlera même de l'Évangile. Il sera tour à tour élevé, sévère, bienveillant; et cela, sans jamais sortir de cette modestie de langage en dehors de laquelle il ne serait pas compris. — La leçon dure un quart d'heure peut-être.

Pendant ce temps la Bretonne tourne le dos, va et vient essuyant ses fourneaux, remuant ses plats, et elle ne répond même pas quand Victor Hugo avant de partir lui dit : « Marianne, vous demanderez pardon à votre camarade. » — Mais le soir venu, lorsque Marianne sert le dîner, Victor Hugo la questionne d'abord : « Eh bien! est-ce fait? — Oui, monsieur, » répond-elle; et en effet elle a demandé pardon... sauf à recommencer.

§ 5. — LES GALERIES. — UNE REPRÉSENTATION A HAUTEVILLE-HOUSE.

Cette maison est d'une courtoisie toute particulière; tandis que les habitants se sont réservé

les chambres les plus simples et les plus sévères,
elle donne toutes ses splendeurs aux galeries
destinées à recevoir les visiteurs et les invités.
Ils s'y rendent naturellement, ils y circulent, ils
s'en emparent et admirent tout à leur aise, et
l'on peut dire qu'ils en sont les seuls maîtres.

La galerie du premier étage est divisée en
deux salons. Une tenture de damas de l'Inde
cramoisi couvre les murs du salon rouge, et sert
d'encadrement à de grandes tapisseries de jais
de Norvége, qui ont appartenu à la chambre à
coucher de la reine Christine, à Fontainebleau.
Ces panneaux, larges de six pieds sur cinq de
hauteur environ, par le dessin, par le travail et
l'or qui s'y mêle, sont, sans rien exagérer, de
véritables trésors, et je ne sache pas que les
pareils existent.

Les sujets sont fantastiques et fabuleux : des
coqs d'or et des aigles d'or scintillent dans les
arbres, d'un rouge de porphyre, dont les feuilles
ongiées se plaquent vigoureusement sur un ciel
miroitant et massif. L'or, la soie, le velours, les

verroteries, les paillons d'argent étincellent sur un fond de jais blanc. Évidemment une végétation aussi étourdissante ne peut appartenir qu'au domaine des fées et des chimères. Pas une feuille, pas une branche d'arbre, pas une aile qui ne soit exécutée avec un point différent. C'est de l'orfévrerie à l'aiguille. Quatre de ces panneaux décorent le salon rouge, deux sur les murs et deux au plafond.

On se demande comment l'ameublement pourra répondre à une pareille tenture ; — mais ici encore la cheminée a porté tout l'effort du décorateur. — Figurez-vous la poupe du Bucentaure, quand le doge épouse la mer. Quatre statues, dorées à l'or de Venise et réalisant ces vers de Lucrèce :

> Juvenum simulacra per ædes
> Lampadas igniferas manibus retinentia dextris,

supportent le dais au-dessous duquel est la cheminée. Ce sont des nègres au profil camus, à la tête rasée, aux formes fines et athlétiques, à

peine couverts d'une légère draperie qui s'ouvre
sur la poitrine, s'agrafe sur l'épaule et laisse les
jambes nues. Chacun d'eux garde une allure
différente, et tous pourtant font partie du même
groupe. Ils s'élancent à demi et semblent obéir à
un ordre : on dirait un quadrige d'esclaves d'or.
Derrière eux, une glace montant jusqu'au plafond les reflète splendidement.

Dans les embrasures laissées de chaque côté
par la saillie de la construction générale, deux
vieilles chimères du Japon entr'ouvrent leurs
grimaces, et se regardent dans deux miroirs à
cadres rocaille.

Le dais est en soie de Chine historiée de
figures et d'oiseaux.

Six piédestaux à cartouches de brocart d'or
supportent les statues et les chimères.

Une petite horloge toute mignonne en vermeil Louis XIII, figurant la Samaritaine, est
posée sur la tablette de la cheminée.

Deux tables, l'une en ébène Renaissance,
incrustée d'étain, ayant appartenu au duc d'Or-

léans, l'autre de marqueterie Louis XIV, à pieds massifs, qui ne déparerait pas un musée, un merveilleux écran au petit point qu'on dirait échappé du boudoir de madame de Pompadour, une belle vasque de Chine et un brûle-parfum de bronze du Japon, donné à Victor Hugo par Alexandre Dumas, achèvent de meubler ce salon.

* *
*

Le salon bleu, qui fait suite, n'est pas moins somptueux dans un autre ordre de décoration; mais nous ne voulons en rapporter que le souvenir d'une petite représentation qui nous y fut donnée un soir. On jouait une charade sur un sujet proposé par Victor Hugo.

Supposez une idylle bouffonne, dont le héros tiendrait à la fois d'Endymion et de Grassot.

Le premier acte mettait en scène la vaporeuse Cymbeline tout enfouie dans des nuages de tulle-illusion, et ayant à ses pieds le beau

Léandre pâle comme un poëte incurable. Groupe transparent et idéal s'adorant à coups de rimes et de soupirs, quelque chose comme un sonnet amoureux d'une romance.

Léandre, tout immatériel qu'il soit, n'en veut pas moins obtenir un rendez-vous nocturne sous la feuillée et sur la mousse. — Son éloquence est diaphane : après quelques instants de roucoulement en prose et en vers, Cymbeline consent, et, afin que son platonique amant puisse venir la chercher sans bruit, elle lui remet la clef de sa chambre, une petite clef d'or furtive, délicate, un bijou ciselé qu'on croirait fait pour ouvrir la cage d'un cœur de jeune fille.

Au moment où Léandre sort, apparaît l'homme raisonnable de la pièce, la moralité de la fable en habit bleu barbeau. C'est un gros financier et un gros homme. Il est épris aussi de Cymbeline, mais épris comme un simple mortel et comme un triple bourgeois. — A sa vue, la transparente Cymbeline rentre brusquement dans la prose du monde réel, et la voilà qui descend

LE LOOK OUT.

en soupirant de son perchoir céleste, pour recevoir cette espèce de Chrysale-Prudhomme, marquis et propriétaire, qui se permet de l'aimer quand Léandre est là.

Cependant le marquis lui démontre qu'il y aurait folie à aimer Léandre, et il lui entr'ouvre les portes d'une vie de luxe et de bonheur dans son château de Bourgogne. Se levant tard, se couchant tôt, comme une reine d'Yvetot, elle fera ses quatre repas par jour, et donnera ses soins maternels à la basse-cour ; puis, à titre de distraction, elle chassera la grosse bête, et jouira d'un ordinaire de perdreaux et de hures de sangliers. Ses dimanches seront remplis par la messe, la grand'messe, les vêpres et, de temps en temps, par la solennité d'un couronnement de rosière. Le marquis termine en mettant aux pieds de la belle Cymbeline son cœur, son cuisinier et sa main. — La belle, indignée, congédie ce prosaïque prétendant, qui se retire battu, mais non mécontent, avec un sourire malin où perce encore l'espoir du triomphe. —

Monologue final de Cymbeline, que l'étoile appelle à son rendez-vous, dans les nuages : « Ce « marquis! s'écrie-t-elle, fi ! l'horrible homme! « a-t-on jamais vu! Entendre parler d'amour « par ce butor qui n'a que sa cuiller à la « bouche ! manger ! mais qui mange dort, et « qui dort doit ronfler. Tandis que Léandre, « c'est à peine si le zéphyr oserait lui servir « d'haleine. »

Tout à coup Cymbeline s'arrête stupéfaite ; une masse inerte, s'éboulant par la fenêtre, est venue tomber à ses pieds. C'est Léandre, le cigare à la bouche, la cravate en désordre, les cheveux en délire, ivre comme le dernier des soudards. L'ex-Endymion se jette sur Cymbeline, qu'il prend pour la fille de basse-cour, une certaine Marton avec laquelle il file, depuis longtemps et en cachette, l'imparfait amour.

Stupeur de Cymbeline, qui tâche en vain de s'échapper des bras du drôle et de se faire reconnaître. Léandre maintient son droit de conquête, et, pour prouver qu'il vient à un rendez-vous bel et bien promis, il tire de sa poche une clef qui fait pousser à Cymbeline un nouveau cri d'horreur.

Au lieu de la clef d'or, on lui présente un affreux passe-partout, en fer rouillé, qui ouvre l'étable et le cœur de Marton. — Il faut croire que cette clef ogresse a mangé la petite, si elles se sont rencontrées dans la même poche. — Heureusement au milieu de la confusion de la pauvre Cymbeline, voici que le marquis apparaît avec la clef d'or.

On comprend le fin mot de l'affaire : le marquis a tout simplement grisé Léandre et dégrisé Cymbeline. — Le dénoûment n'a pas besoin de se dire. Cymbeline et le marquis auront beaucoup d'enfants.

Quant au mot de la charade, il était naturellement antiréaliste, invraisemblable et introuvable. Quel était ce vocable inouï ? Personne ne l'a jamais cherché, personne ne l'a jamais trouvé, personne ne l'a jamais su : on a ri, et voilà tout.

§ 6.

La galerie du deuxième étage s'ouvre par une porte à deux battants, en cèdre gravé et ciselé, un chef-d'œuvre trouvé par Victor Hugo. Cette galerie porte le nom de Galerie de chêne ; elle est une sorte de chambre à coucher d'honneur.

Six fenêtres, donnant sur le fort Saint-Georges et sur la mer, distribuent la lumière à travers une véritable forêt de chêne sculpté. Devant quel meuble, devant quelle rareté de ce musée s'arrêter d'abord ? On se le demande. On regarde, on regarde encore, et, quand on croit avoir tout vu, on s'aperçoit qu'on a laissé d'innombrables détails.

Disposée sur une profondeur double de celle des salons du premier étage, la Galerie de chêne est divisée en deux par un habile arrangement des meubles, combiné avec un beau portail à colonnes torses, style Renaissance, peintes et dorées. Dans la première partie, se dresse la

tures du moyen âge. Un lambrequin de drap
brodé en soie aux mille couleurs, et un couvre-
pied en tapisserie servent de tentures à ce
gigantesque lit, qui n'a encore servi à personne,
et dont on ne trouverait le pareil que dans les
chambres à coucher féodales.

*
* *

Un candélabre en chêne, à quarante bougies,
s'engage entre les deux colonnes qui divisent la
galerie. Il a été exécuté en entier sur les dessins
de Victor Hugo, qui a modelé et sculpté en bois
la figurine du couronnement. C'est une colossale
girandole, s'épanouissant comme une tiare, et
portant à son sommet une grappe de branches
où les bougies attachent des fleurs de lumière.

*
* *

La porte d'entrée, vue de l'intérieur, est bril-
lante comme un vitrail d'église. Deux colonnes

torses soutiennent un fronton de chêne, à masca-
carons Renaissance, entourés d'arabesques et de
chimères; elle s'avancent en saillie sur deux battants tout étincelants de peintures, parmi les-
quelles on distingue huit grandes figures de
martyrs, en robe de vermeil et de pourpre, dont
la principale est saint Pierre. Sur le linteau sont
inscrits ces deux mots :

Surge, perge.

Nous avons lu aussi cette belle traduction du
vers de Lucain :

Les dieux sont aux vainqueurs, Caton reste aux vaincus;

puis des maximes :

Gloria victis. — Væ nemini.

L'esprit souffle où il veut.
L'honneur va où il doit;

et enfin, au-dessous d'une horloge qui accom-

cheminée ; dans la seconde, on entrevoit la masse d'un magnifique lit, tellement vaste qu'on pourrait croire qu'il a été, non pas dressé, mais bâti.

La cheminée basse, large, trapue, est enrichie d'une menuiserie des plus délicates. Le manteau enchâsse un Sacrifice d'Abraham, à petits personnages d'un travail précieux, dans un cadre de chêne historié et rehaussé à droite et à gauche par deux demi-balustres engagés. Quatre caryatides de deux pieds de haut épaulent ce charmant fronton. Ce sont des sylvains et des dryades dont la tête se couronne de fleurs et de fruits, et dont les corps disparaissent dans une gaîne ornée de fines arabesques. Derrière ces délicieuses statuettes s'enfonce une large glace posée de niveau sur une construction de faïences de Hollande ; au milieu, se dresse un piédestal qui supporte un buveur d'opium en céladon, exquise figure digne de l'antiquaire le plus difficile. Les deux ailes latérales sont formées de panneaux très-riches sur lesquels viennent s'appuyer les gaînes des caryatides. Il faut renoncer à décrire cette population de figurines bibliques, païennes et chinoises, où l'art marie pittoresquement le magot avec la dryade, sous la bénédiction patriarcale d'Abraham.

*
* *

Le lit fait face à la cheminée, le chevet adossé au mur et les pieds dirigés du côté du spectateur. Le dais est fait d'un assemblage de panneaux de la Renaissance ; le chevet superpose deux sujets mythologiques accostés de colonnettes et de volutes surmontées d'un piédouche d'ébène, couronné lui-même d'une tête de mort en ivoire avec cette inscription :

Nox, mors, lux.

La caisse présente sur sa façade un bas-relief, échantillon curieux des plus naïves sculp-

LA CHAMBRE DE VICTOR HUGO.

Cadart & Luquet, Éditeurs.

pagne d'un gai carillon la sonnerie de ses heures, ces deux vers encore inédits :

> Toutes laissent leur trace au corps comme à l'esprit,
> Toutes blessent, hélas ! — la dernière guérit.

§ 7. — LA CHAMBRE DE VICTOR HUGO.

Isolés par leur situation au milieu de la mer, la plupart des habitants de Guernesey se sont faits marins, afin d'aller chercher la vie et les relations du dehors. — Aussi tous les yeux sont-ils fixés sur la route incertaine à laquelle ils demandent les richesses du commerce et les nouvelles de la mère patrie et des amis absents ; — peut-être est-ce un ami lui-même qui va venir.

Par là s'explique pourquoi se dressent, presque sur chaque maison, l'indispensable mât de signal et le *Look out,* dont le nom révèle mieux la destination utile que notre mot italien *Belvé-*

dère. Dès qu'un navire apparaît, dès qu'un navire s'éloigne, les oriflammes du port le signalent ; et à l'instant les signaux, répétés de maison en maison, apprennent le départ ou le retour à l'île entière.

La maison d'Hauteville a son mât de signal et aussi son *Look out.* — Victor Hugo a choisi pour sa chambre le *Look out*, j'allais dire le grenier, un petit belvédère vitré, ouvert à tous les horizons, énorme pour l'âme, étroit pour le corps, contenant, comme la cabine d'un capitaine, tout dans un espace infime : la petite table, le papier, l'encre, la plume, un lit de fer resserré et dur comme un lit de soldat.

VICTOR HUGO DANS SON JARDIN.

CONCLUSION.

On parlait musique, à propos de la question toujours soulevée entre la mélodie et l'harmonie.

« Il y a deux modes sous lesquels se mani-
« feste le bruit, nous dit Victor Hugo : le mode
« collectif et le mode successif. Le premier nous
« est donné par ces grandes voix qui sont dans
« la nature et qui nous viennent de la montagne
« et de la plaine, de la forêt et de la mer : c'est
« l'harmonie. L'autre est donné par l'homme
« même, par le chant et le cri de la passion :
« c'est la mélodie.

« Celui qui ne nous ferait entendre que la
« première, si belle qu'elle fût, ne toucherait
« pas. — L'homme partout cherche l'homme.
« — Ce serait comme une mer sans voiles, une
« campagne sans toits, une forêt sans hôtes;
« la pensée n'en supporte pas longtemps le spec-
« tacle. On veut pouvoir vivre dans ce qu'on voit.

« Or, en musique, celui-là est l'homme de
« génie qui a su mêler à l'harmonie la note de
« la passion, dans cette mesure exacte où est la
« puissance de l'homme par rapport à la puis-
« sance de la nature.

« Beethoven surtout a le secret de cette juste
« proportion. »

*
*   *

Nous étions dans le jardin, un demi-arpent
de fleurs et de vertes pelouses, à moins qu'on
n'y ajoute douze lieues d'horizon. Un tranquille
bassin s'étend sur l'herbe; deux honnêtes ca-

nards y remplissaient de leur mieux leur rôle de cygnes, auprès d'une fontaine en terre cuite au bas de laquelle des têtes de dauphins lancent de mignonnes cascatelles. — En soulevant les feuilles de lierre qui escaladent la fontaine, j'ai lu d'un côté cette inscription :

Où est l'espoir, là est la paix;

et de l'autre, ce beau vers des *Contemplations :*

Immensité, dit l'être ; éternité, dit l'âme.

** * **

Famille, étude, poésie, beaux-arts, divines caresses de l'âme, n'êtes-vous pas toutes puissantes ! — J'ai vu dans le jardin un banc de pierre où Victor Hugo vient s'asseoir. — De là, on domine la ville et la mer, et par delà, à l'horizon, chaque beau jour découvre une ligne blanche à peine visible, qui est la France. J'ai vu le poëte assis sur ce banc, et, tandis qu'il parlait, ses yeux restaient fixés de ce côté de la mer, cherchant à pénétrer la brume...

Ta rive qui nous tente,

a-t-il dit.

FIN.

PARIS. — IMPRIMERIE DE J. CLAYE, 7, RUE SAINT-BENOIT.

www.ingramcontent.com/pod-product-compliance
Lightning Source LLC
LaVergne TN
LVHW020524210726
843507LV00026B/509